투명 나비

보이지 않는 아름다움

투명 나비

보이지 않는 아름다움

이재곤

북트리

글을 쓰며

기뻐하고, 슬퍼하며 지나온 많은 날 중 어리석게 살아온 날들이 대부분임을 깨닫고 나머지 날들에 대한 최소한의 예의와 당당하게 살아가는 길이 시작(始作)임을 최선을 다해 나에게 알리고 싶을 뿐.

목차

1부

가시다가	11
산책	13
태양은 우리 곁에	14
난파선	16
봄날은 간다	18
섬 소년	20
하얀 달	22
타인	24
해방	26
이름표	27
천적	29
등나무 아래에서	31
이른 이별	33
겨울잠	34
황금은 지옥에 있다	36
바람과 함께	38

2부

투명 나비	40
눈물의 주인공	42
변심	43
변심 2	44
희망	45
별이 나를 부른다	47
뒷골목	48
종지부	50
고독	51
사랑은 웃긴 족속	52
운명	53
겨울이 오면	54
나쁜 사람	56
가방 속 진실	58
눈사람의 사랑법	59
그녀는 미쳤다	61
까페라떼	62
사랑하게 하소서	63
어떤 사람	64
숨긴 사랑	66
젊은 날의 긴 밤	68
엄마와 돈까스	70
바다에 누워	72
시인이라는 꿈 이야기	74

3부

차가운 유혹	77
아내는 왼손잡이	78
아버지	80
J에게	82
별 이야기	83
기도하기 좋은 날	85
가능성	87
가짜 겨울	88
눈	89
뜨거운 거울	90
반달과 나	92
나무 등대	94
새벽	95
비	96
나무늘보의 초능력	97
뜬구름 잡기	98
자장가와 춤	100
여름	101
봄바람	103
낙엽 2	105
기우제 또는	106

4부

홍성역	109
보통리 저수지	110
신디 소린다	112
결성읍성 그날의 기억	114
충청 수영성	116
진정한 노동자	118
이산가족	119
돼지의 꿈	120
그날	122
팽목항에서	124
반지하	126

5부

그림자 나이	128
게으른 깨달음	129
예초기의 변명	131
파김치	132
사각지대	133
장어의 꿈	134
카톡하기 좋은 날	135
달나라에 가는 가장 쉬운 방법	136
흔적	138
가을	140
엄마의 무릎	141
고추재배와 포르쉐	143
선녀와 나무꾼	146
별사탕	148

1부

가시다가

가시다가, 가시다가 님의 길 가시다가

돌부리에 넘어지고

알 수 없는 비난으로 지치거든

작은 풀섶, 품속에서 잠시 쉬었다 가시고

가시다가, 가시다가 님의 길 가시다가

이길 수 없는 외로움이 밀려오면

고개 들어 먼 하늘에 내 모습 그려보시고

가시다가, 님의 길 가시다가

고단한 여정으로 허기지고, 휘청거리면

나뭇잎에 맺힌 이슬 한 모금

이슬 한 모금으로 누군가와 인연이 생기면 같은 길 가시고

가시다가, 가시다가 같은 길 가시다가

누군가의 오해와 외면으로 다툼이 있거든

미련에게 후회에게 머물 시간이 없으니

홀로 가시기를

가시다가, 가시다가 홀로 가시다가

진달래와 개나리가 눈이 되어 내리면

진달래와 개나리와 함께

눈이 되어 가시기를

산책

보라색의 눈으로 세상을 보고

연분홍의 귀로 바람의 소리를 듣는다

사람은 무심히 지나치고

연민은 무색이 되었다

추억은 멈추지 않고

채색된 진심은 허공만을 쫓는다

바람은 파랗게 밀려오고

봄 꽃내음 까치발로 뒤따른다

태양은 우리 곁에

늦은 오후

태양의 장엄한 죽음을

숨어보던 어둠은

호시탐탐

세상의 주인을 노리고

주인이 된 어둠은

막막함에 몸부림친다

붉은 피 흘리며

물러선 태양은

재기를 다짐하며

바닥까지 추락하지만

환호와 함성과 함께

어둠과 막막함을 이겨내고…

난파선

태어남으로 난파선의 선장이 되었다

보이진 않고 가야만 하는 앞을 향해

뱃머리를 이리저리 돌리고

죽을힘을 다해 돌리다가 쓰러지면

난파선은 항해 아닌 항해를 계속한다

살아있음이 난파선의 선장이 되어

어디선가 무섭게 다가오는 파도의 부침으로

모든 것 포기하고 주저앉아 쓰러지면

그래도 난파선은 항해 아닌 항해를 계속한다

살아있음은 난파선의 선장이어야 하고

바다는 파도를 포기하지 않고

아랑곳하지 않는 난파선은 항해를 계속하고

파도의 끝에 선 난파선의 선장은

태어났으니

살아있으니

어쨌거나 희망의 바다로

봄날은 간다

봄날의 눈!

눈이라고 하기에는

모자란 면이 있다

이른 봄의 차가운 기세는

할머니 적 이야기가 되었고,

하얗게 흙을 덮고 있는 눈이라는 것이

스스로 허물어져 가는 꼴이 쓸쓸하다

알 수 없는 봄의 기운과

아이들의 웃음소리가

하나가 되면

차가움과 따스함이 다투듯이

세상은

하나가 되어가고

온 듯 안 온 듯 봄이 오고

갈 듯 말 듯 봄날은 간다

섬 소년

지난밤

별의 길을 헤매던 소년은

바다보다 멀리 떠난 사람이 그리워

새벽보다 이른

파도를 찾는다

떠난 사람의

사연에 자책하고

이별보다 무서운

부서지는 파도의

화려함을 원망한다

소년의 눈물을 외면한

조급한 파도는

소년을 환영하고

소년의 미련을

답답해 하던 썰물은

소년을 기다리며

소년의 발걸음을 재촉하던

포구의 작은 배는

이별을 준비한다

하얀 달

이른 아침

환하게 밝아오는 찬 공기 속

하얀 달

어제 보던 그 달이 아닌 듯

하얀색을 머금고

살며시 사라지는 하얀 달

달의 노고를 모르고

어제의 달과 차별을 꾀하고

어제의 달을 더 우러르며

하얀 달을 무시한다

달이라는 것이

반쪽이어도, 하얗게 보여도

본성은 같지만

차별은 유난스럽다

타인

타인이라는

칼날의 끝은

날카로움의 끝인

투명으로 치닫고

보이지 않는 칼끝은

푹푹

내 가슴에 꽂힌다

나의 소리없는 비명은

타인의 쾌락을 이기지 못하고

어제

쓰러진 나는

오늘

또 쓰러진다

해방

벚꽃 눈부시게 피던 날

스무 살

가난한 누이는

시집갔습니다

젓가락, 숟가락 한 쌍과

아껴 덮던 이불 한 채와

살굿빛 머금은 볼을 가지고

이름표

옷핀 하나로

짐승 같은 거대한 육체를

매달았다

세상을 호령하는 육체는

금으로 보석으로 치장하였고

꽃보다 고운 미소를 소유하였다

육체는 썩어가고

미소는 굳어져 가며

수많은 이름들과 영웅들은

이름표에서 떨어지고

허무랄 것도 없는

이름표만 남았다

천적

가뭄이 소멸하며

비가 내리고

몰려오는 어둠이

세상을 멈추게 할 때

논두렁의 개구리 울음소리는

온 들판에 흩어지고

울음에 지친 개구리 휴식처를 헤맨다

축축이 젖은 도로는

개구리의 비상구

도로 위를 달리는

거대한 타이어는

개구리의 천적

등나무 아래에서

나풀거리는 스커트 자락이 눈에 거슬려

그녀의 허벅지 베게 삼아

등나무 아래 벤치에 누웠다

야릇한 향수 내음

잡을 길 없이 흩날리고

길었던 연애의 시간이

작은 교회 목사님의 기도보다 짧다고 느낄 때

뜨거움을 뽐내던 태양은

괴물 같은 건물 너머로 사라지고

그녀는 어제보다

명랑한 목소리,

가냐른 손,

뜨거운 볼을 미끼로

희망에 찬 미래를 이야기한다

꿈결인가 하면 바람이 불고

깨어있나 하면 시간이 보였다

차가운 손길 볼에 닿으면

무서운 현실은 눈을 부릅뜨고 나를 흘겼다

이른 이별

감성이 사라진 시대라 하여도

헤어짐에는 슬픔이 어울리고

상처보다 눈물이 앞서는 법

기다리는 것은 의미가 없고

사랑은 영원하지 않다

함께 하자는 지난날의 굳은 약속은

먹구름 뒤로 숨어버리고

이별은 영원한 아픔이 되었다

눈물도 숨기면 짐이 되기에

보내는 즐거움으로 너의 손을 놓았다

겨울잠

작은 잎새 떠는 소리에도 깨어야 하고

바람에 녹아버린 시냇물 소리와

이슬이 옹기종기 모이는 소리와

물안개의 신들리듯 한 춤사위에도 깨어야 한다

짧았던 가을의 아쉬움을 달래고

보채는 봄을 위해서 깨어야 하고

어둠에게, 추위에게 패배한

태양의 우렁찬 복귀를 위해서 깨어야 한다

갓 태어난 아기의 울음소리를 응원하기 위해 깨어야 하고

청춘을 옭아매는 불안한 미래와의 단절을 위해

하루의 마지막 희망인 소주 한 잔의 영원함을 위해

밤새워 기도하는 사람들의 안락한 휴식을 위해

피아니스트의 발랄한 손가락을 위해서 깨어야 한다

두근거리는 연인들의 희망찬 출발을 위해 깨어야 하고

우리들의 곧은 정의감과 넓은 인간미를 위해서

옳음을 거역하는 모리배에게 따끔한 질타를 하기 위해

겨울잠에서 우리는 깨어야 한다

✹ ✹

황금은 지옥에 있다

세찬 비구름이 지난 후

골목길에도 무지개는 아름답게 솟아올랐지만

무지개 넘어

황금빛이 가물거리는 방향으로

모든 사람들의 시선이 모아지고

주위의 모든 사람들이 무지개를 뒤로하고

황금빛 방향으로 앞으로 앞으로 가고 있다

비좁은 골목길은 큰 도로와 이어지고

큰 도로 사람들도 앞으로만 가고 있다

모퉁이를 돌거나 건널목을 건너는 사람도 없이

모두가 앞으로만 가고 있다

잠시 쉬는 시간도 없이, 서로 인사도 없이

웃음기 없는 얼굴로 앞으로만 가고 있다

사람들은 늘어나고, 군무를 추는 철새처럼

군중이 되어 앞으로만 가고있다

태양이 기울고 어둠이 신호를 주었지만

군중이 된 사람들은 모두 앞으로만 가고있다

어둠의 속도보다 빠르게, 빠르게 앞으로만 가고있다

누구 하나 멈추거나 돌아설 수 없다

그렇게 우리 모두는 군중이 되어 목적지가 정해지지 않은

황금을 따라 앞으로만 갔다

바람과 함께

지천에 널린 바람을 알지 못하고

평온해지기를 갈망하였다

한주먹도 안되는 바위를 지나

바람은 내게로 왔다

건방지게 버티는 고목을 지나

바람은 내게로 왔다

바람을 타고, 바람에 저항하며 다다른

하얀 물줄기가 처음 태어난 곳에서

물소리가

바람 소리에 양보를 하였다

2부

투명 나비

바람 되어, 바람 되어

보이지 않는 바람 되어

나비 되어 나비 되어

꽃을 찾는 나비 되어

세상 어디라도 당신을 따르리

사랑의 나비 되어

보이지 않는 춤을 추며

당신을 따르리

바람 되어, 나비 되어, 사랑이 되어

보이지 않는 아름다움이 되어

눈물의 주인공

하루하루

살아 있음에 감사한들

인간은 항상 눈물의 주인공

변심

해가 길어질 무렵

봄이 오는 작은 공원

옹기종기 아장거리는

철쭉 봉오리가 터질 듯하다

봄기운이 사라지고

어둠이 다가올 즈음

늦은 서늘함으로

서둘러 돌아서는 순간

깜놀!

어둠에 묻힌 철쭉을 괴물로 보았다.

변심 2

젊어서는

날지 못하는 것을

원망하고

늙어서는

뛰지 못하는 것을

한탄한다

희망

무엇인가를 기다리며

수많은 별을 헤아려 왔다

걸음마의 기억과

사춘기의 저항과

욕망으로 들끓던 청춘

기도는 뒷전이고

철학은 허영이었으며

살려달라고 외치기만 하였다

비 내리는 침울도

눈 날리는 밝음도

나를 울리지 못하였다

사랑이라는 것이

나를 미치게 하였다

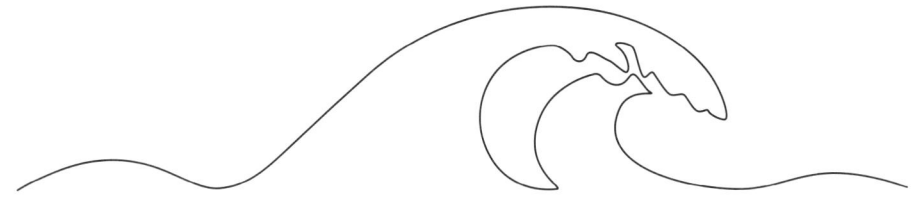

별이 나를 부른다

넓게 퍼진 어둠은 시간을 이야기한다.

밤하늘을 보며 시간을 보낸다.

어둠이라는 시간의 또 다른 현실과 마주하면

연인도 친구도 온데간데없고

하늘의 끝자락까지 밤하늘을 헤매고 있다.

별이 나를 부른다

젊은 날 연인의 눈웃음으로 나를 부른다

사랑을 위해, 우정을 위해 목숨을 바치고자 했던 다짐은

별똥처럼 사라지고

누군가의 눈빛이었고 누군가의 기억이었으며

잊혀지지 않는 애절한 그리움이었다

나를 부르는 별이 있다. 밤하늘에

뒷골목

패배를 하였다.

약속을 지키지 못하였다.

패배를 하면

골목길을 간다는 약속

역사 공부를 제대로 배우지 못했다.

그래서

또 패배한 것이다.

골목길에 가면

내가 무시하는 골목길에 가면

약속을 잘 지키는 믿음직한 인간이 된다

패배를 버리고 믿음직한 인간이 될까?

내가 바랐던 것일지도 모른다.

앞으로도 계속 바랄지도 모른다.

그래야

잃었던 새로운 맛을 느낄수 있다.

패배는 하였지만

내 마음은 아주 편안하다.

그동안 바라던, 오래도록 바라던… 살찔 것 같다.

진심은 편안하였는데

그동안은 괴로워했다.

위선이다

새로운 맛을 위해 태어났다.

맛을 찾아 나서야 하겠다.

종지부

나의 역사를 만들자

하나의 진실이 과거에 매몰되어도

주장하자, 지키자!

나의 역사를

미래도 역사임을 알자.

역사도 미래인 것을 알자.

성년이 되어 내 역사의 종지부를 찍지 말자

결혼을 하여 종지부를 찍지 말자.

자식이 어여쁘다고 찍지 말자.

죽어도 말자.

고독

내 고독의 시작을 알려고도 않는다.

죽음의 시작이 고독의 시작임을 알아갈 뿐

나는 단지 내 그리움을 찾고 싶을 뿐

어쩔 수 없는 고통이 있다면 참고 이겨내리라

지나온 날이 그러하듯

고독이 또한 슬프다면 이 또한 참아내리

역사를 탓하지 않으리

내 애증의 끝을 보며 슬퍼하리, 역겨워하리

앞을 볼 수 없는 어둠은 내가 거두리

사랑은 웃긴 족속

희망보다 더 강렬한 믿음

눈물을 멈추게 하는 마취제

기다림의 아름다움

시간의 가변성

또 하나의 태양

어둠의 천적

깊은 배려의 슬픔

허망한 자아도취

실패한 성공

운명

신이 있었던들 무슨 소용이 있으랴!

시간을 알고자 하였던

그 남자가 사라졌고

그녀는 울며 가버렸다.

신이 있었던들 무슨 소용이 있으랴!

알 수 없는 시간에 의해

우리는 태어났고,

거부해도 살아있고,

갈 길이 정해져 있는 것을

겨울이 오면

겨울이 오면

찬 바람 부는

겨울이 오면

창문 넘어 보이는

외로운 가로등도

하얀 눈을 기다린다

나처럼 하얀 눈을 기다린다

겨울이 오면

봄날의 기억과

여름날의 열정을 찾아

누군가와 키스했던

따스함이 남아있는

그날을 회상한다

겨울이 오면

깜빡거리는 가로등 아래

깊은 밤이 되도록

소복소복 쌓인 눈을

소리 없는 발걸음으로 나타나는

당신을 기다린다

나쁜 사람

영원히 살자고 거짓말을 하였습니다

현실도 모르고 사랑이면 다 된다고 고집을 부렸습니다

서산에 해질 때 동해의 일출을 그렸습니다

당신 없이 살 수 있다고 거짓말을 하였습니다

돌아선 당신 뒤에서 망설이고 있습니다

붙잡지 못하고 보냈습니다

진실 그 전에 무엇이 있다는 것을 알려 하지 않았습니다

떨리는 마음을 웃음으로 덮었습니다

위선과 기만으로 사람에게 다가갔습니다

곱디고운 마음에 질투를 심어 놓았습니다

내게 어울리지 않는 아름다운 꿈을 가지고 있습니다

같이 행복할 수 있는데 혼자 고통스러웠습니다

사랑은 모두 주고 미움만 남았습니다

바이올린 선율에 내 눈물을 보태지 못하였습니다

기도를 올릴 수 있었는데 울어버렸습니다

가방 속 진실

양어깨에 눌리는 가방의 무게만큼

삶에 떳떳하였다

세월이 남긴 향수도 들어있으리라

믿음에 대한 구원도

사랑에 대한 확신도

미래에 대한 꿈과 함께

가방 속에는

오전의 조급함과

오후의 나른함을 더해서

청춘의 잿더미와

술에 취해 토해놓은

구토물만 가득하였다

눈사람의 사랑법

오래 기다리지 않으리

한여름 뙤약볕에

그대 원망하며

녹아 없어지는

눈사람 되리

망설이지 않으리

그대 사랑 확인한 후

그대 사랑하며

녹아 없어지는

눈사람 되리

그리워하리!

그대 사랑하며

그대 원망하며

사라지던 순간을

그녀는 미쳤다

그녀가 미칠 거라고는 생각 못하였지만

미쳐버리고 싶다고 소리치던 여자였다

어쩐지 날 사랑하였다

내가 없으면 눈물로 시를 쓰는 여자였다

사랑은 한 번이라고, 딱 한 번이라고 하던 여자였다

또 다른 사랑을 찾아 나는 떠났고

그녀는 사랑을 마감하였다

그녀는 미쳤다

까페라떼

커피 두 스푼, 프림 두 스푼, 설탕 두 스푼의

다방 커피와 불멸의 맥심 커피믹스가

세상에서 유일한 커피의 양대 산맥으로 알고 있었다

바리스타를 꿈꾸는 와이프의 실습 강도가 드세지고

와이프라는 거대 권력으로 나의 커피 취향이 깨지기 시작했다

나의 자발적 인식을 통한 맥심 커피믹스에 대한 변절은

맥심 커피믹스도 이해하겠지만

타자에 의한 강제적 변화는 후유증이 오래갈 것 같았다

간사스럽기 짝이없던 나는 까페라떼라는 타협안으로

맥심커피믹스의 원망을 누그러뜨리고

자칭 바리스타인 와이프의

커피 취향 침탈을 어느 정도 방어하고 있다

사랑하게 하소서

살아있는 동안

한번은 사랑하게 하소서

상대가 누구인지

시작은 언제 하는지 모르게 하소서

편하게 사랑하게 하지 말고

괴로움에 진저리를 치며 사랑하게 하소서

계절이 수없이 바뀌는 두려움도

한번의 사랑으로도 이겨낼 수 있게 하소서

아픈날이 많아도

사랑하는 이와 눈인사 나눈 기억으로

행복할 수 있게 하소서

어떤 사람

쌍욕을 맛깔나게 잘하였고

실연의 상처마저

욕으로 풀어버렸으며

화장을 하지 않고

노련한 장사꾼을 능가하는

억척스러움이 있었지

가슴에 남은 한 사람이

영원한 연인이라 여기는

가녀린 사람

사랑했던 사람을 지금도 기다리며

짧은 만남에 모든 인생을 바치고

의미 없는

말소리

눈빛마저도

평생을 기억하려 애쓰는 사람

인연을 믿지 않으며

사랑을 거부하였지만

삶이 사랑인 사람

숨긴 사랑

샛노란 스커트가 잘 어울린다고 말했어야 했다

허튼 농담에 쏘아붙이는 말투가 예뻤다고 말했어야 했다

처음 대한 사람치고 친절했었다고

그래서 고마웠다고 말했어야 했다

만나고 헤어지기를 여러 번 반복하는 것이

싫었다고 말했어야 했다

어쩌면 인연이 될 수도 있었을 것이라고 말했어야 했다

음식을 가려서 몸이 약했지만

그것마저 마음에 들었다고 말했어야 했다

노랑이 어울리지 않는 지금도 괜찮다고 말했어야 했다

한 번만

꼭 한 번만이라도 손을 꼭 잡고

울고 싶다고 말했어야 했다

봄 인사를 하기에 너무 서늘했고

겨울 인사 하기에 너무 늦었다고 말했어야 했다

진심이 새까맣게 가려져도 좋았다고

너무 좋았다고 말했어야 했다

그리고 후회스럽다고

숨긴 사랑이

너무 후회스럽다고 말했어야 했다

젊은 날의 긴 밤

불 꺼진 임시 사무실 컨테이너 안에서

고장난 석유난로 옆에 의자 두 개를 펼치고 누웠다.

타다만 석유 냄새가 깊은 밤의 잠을 내게서 몰아냈다.

따뜻한 어깨와 시린 반대 어깨의 갈등이 몸을 뒤척이게 하였고

석유가 모자란 난로의 빈곤과

세상과 어울리지 못하는 나의 어리석음과

사무실이 차지하고 있는 공간의 무심함이

뒤틀리어 어울리고 있었다

소리 없이 냄새만으로 타들어 가는 석유난로의 비뚤어진 전진 앞에

의자 두 개에 의지해 뒤척이는 몸뚱이

밤을 새워 누워있어도 돌이킬 수 없는 내일은 거침없이 다가오고

소리치며 반항하고 희망으로 내달렸던 세월은 사라졌다

타오르지 못한 내 젊음과

연소 되지 못하는 석유난로와

나의 모자람이면 됐다고 하는 세상과 하나 된 오늘

엄마와 돈까스

스무 살

무엇을 할 수 없었을 때

오천 원의 심부름 돈을 엄마에게 받아

내일 아침 김치찌개용 돼지고기를 사기 위해

철길을 따라

터널을 지나고

검붉게 변한 썩은 내 나는 하천을 지나

간신히 다다른 곳

진분홍 불빛 정육점과

낡고 바랜 흑색 창문 레스토랑

불쌍한 엄마의 치마 주머니에서 나온 오천 원!

끼니를 걱정하는 엄마의 한숨과 걱정을 버리고

레스토랑에서 돈까스를 시켰다.

내일을 걱정하는 불쌍한 엄마의 얼굴을 떠올리니

너무 맛있었던 눈물 나는 돈까스

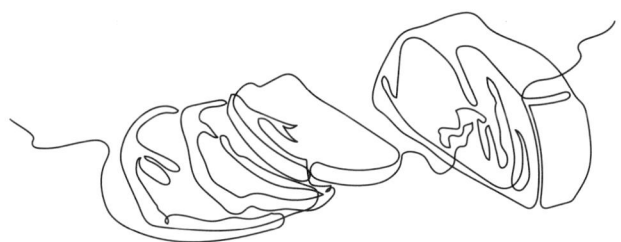

※※

바다에 누워

- 1부 -

가라앉지도 않고, 날지도 못하고

하늘로 떨어지는 내가 있다.

어떻게 여기까지 살아왔는지

어떻게 이렇게까지 살고 있는지

- 2부 -

살아야 한다는 웅성거림

웅성거림은 용기가 되지 않는다

하지만 살아야 한다고

이렇게라도 살아야 한다고

나는 하늘을 덮었다

시인이라는 꿈 이야기

꽃보라 넘실대는 고향 땅

어린 동무들과 함께했던 꽃밭의 추억을

별을 따다 그려 넣고

눈부신 별을 찾아

순수함을 이야기하며

희망 넘치는 하얀 밤을

무지갯빛 꿈으로 가득 채웠다

눈보라 몰아치고

텅 빈 노트만 남아있는

슬픈 겨울날

타오르지 못한 젊음과

잦아드는 심장 소리에도

차가운 외로움으로

영원한 시를 노래하였다

3부

차가운 유혹

한여름!

사랑이라는

영원성의 상징마저도 뛰어넘는

대표적인 화두

에어컨!

도도함은 비길 데 없고

점잖다는 말이 무색하게

완벽한 정장을 입으며

마술 같은 화장 기술을 갖춘

정숙한 아내도

한여름 에어컨 앞에서는

웃옷을 재빠르게 벗어 던진다

아내는 왼손잡이

시대는 답답하고 지갑은 비어있는 토요일 오후

핵 주먹을 가진 복싱선수의 시원한 한방이 그리워

지갑을 생각해주는 소주와

답답함을 날려주는 맥주를 곁들여

복싱의 광 팬이었던 친구와의

복싱 게임

현란한 기술과 거구의 묵직한 힘에 열광하고

죽어가는 짐승처럼 쓰러지는 선수를 비웃으며

우리들의 의기양양함은 하늘로 솟구쳐 올라갔다

화면이 흐려지고 술병이 쓰러지면

비틀거리는 몸을 이끌고 동이 트는 새벽과 함께

챔피언의 심정으로 집으로 향한다

새벽 찬바람에 불현듯 불안감이 휘감아 돌고

비틀거림은 고양이 발걸음으로 변한다

현관을 지나고 안도의 한숨을 쉬는 순간

아내의 왼손 훅이 들어왔다

피할 수 없었다

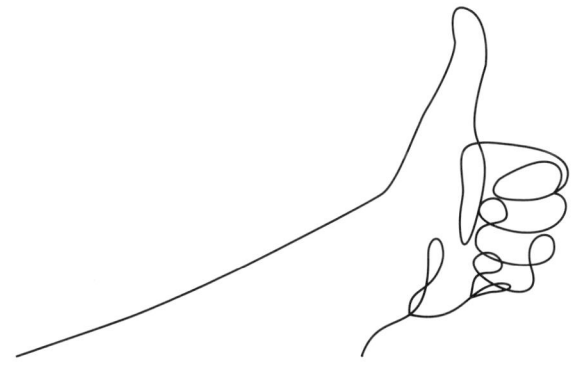

아버지

십 년의 절규와

또 십 년의 후회와

마지막 남은 어리석음으로

다시 돌아와

폐허가 된 낡은 기와집 앞에서

기울어진 감나무의 처량함과 함께

당신을 기다립니다

작은 새의 지저귐과

뒷산 참나무 숲의 바람 소리는

그때처럼 시원하지만

당신이 어여뻐 하던

말 많은 강아지의

몸털기는 볼 수가 없군요

사람이 없는 답답함이 싫어서

돌아보지 않고 떠났지만

지금은 당신마저 없군요

아버지!

J에게

살만큼 살다가

달아나려 뒤돌아보았더니

당신이 미소 지으며

머뭇거리고 있었습니다.

손을 내밀고 싶었으며,

힘차게 안아주길 바랐습니다.

하지만 당신은

그저 미소 짓고 있었지요.

그 미소,

지금도 잊을 수 없고,

외로움을 이겨내고

미래를 상상하기도 했습니다.

하지만 지금 여기까지라도 기쁘고 황홀합니다.

별 이야기

별이 사람을 그리워하면,

천년을 그리워하면

사람이 된다

천년의 시간은 흐르고 있고

사람된 별은

웃으며 별을 보고 있다.

천년의 기다림은

별 하나의 역사가 되었다.

가시밭에도 별은 있다

도망쳐야 했다.

너무 밝은 도시에서 별을 볼 수 없어서

나와 별은 어울리지 않았다.

별이 가시가 된다는 것

별이 사라진 후에 깨달았다.

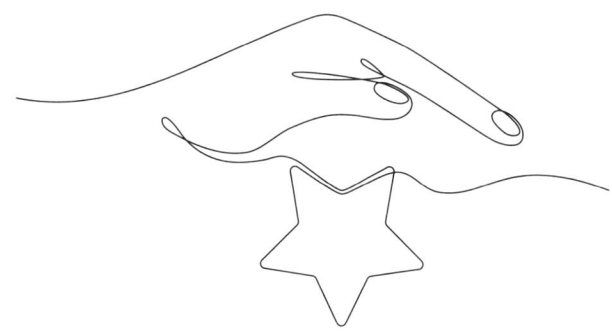

기도하기 좋은 날

그들이

산을 오르지 못하고

주저앉은 날

기도하였다

그들에게 무슨 잘못이 있었길래

산은 거부하였나?

여기의 하늘은 맑음

화창하여 산행하기 좋은 날

그들의 하늘은 다른 하늘

기도합니다

잘 가시라고

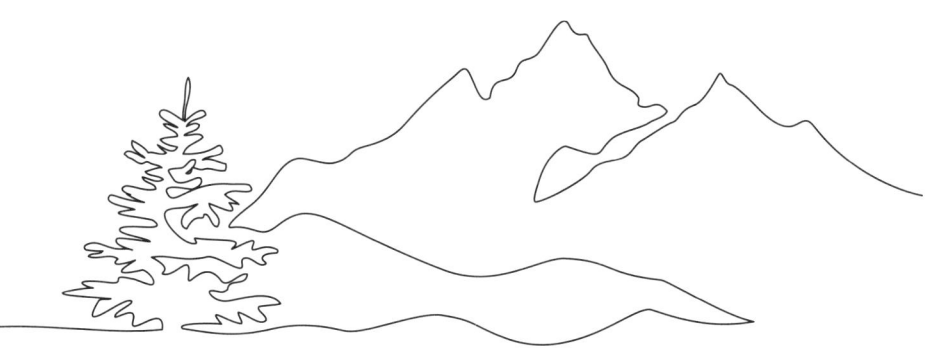

가능성

살아갈 날이 많다고 해도

지구가 얼마나 더 많은 날을 태양 주위를 돌아야 하는지

스스로의 역사에 괴로워 해야 한다.

남은 날을 생각하지만

그것은 남은 날이 아니다.

날아가는 새에게도 인사도 못 하겠다.

하늘을 커텐으로 가리었다.

역사가는 나를 주인공으로 만들 수 없다

해진 신발 뒷굽을 보며 팔자걸음을 연상하였다.

충혈된 눈에서 어제의 피곤함을 생각했다.

이젠 낙엽을 볼 수가 없다.

가능성이 있는 것이 겨울이다.

가짜 겨울

찬 기운은 피해야 하고

으스스한 몸은 더욱 싫어하지만

하얀 겨울을 기다렸다.

하얀 겨울을…

인간에 실망하고 더위에 짜증 난

겨울날 눈은

미련 없이 사라졌다.

눈이 없는

가짜 겨울이 완성되었다.

눈

쌓이고 난 후에야 알 수 있는 현상

기쁨의 기억은 사라지고

서글픔이 다가오는 아련한 즐거움

순수함은 인식을 통해야만 지킬 수 있는 것이 되었고

눈의 아름다움은

누군가에게는 인간을 괴롭히는

현대화된 무기가 되었다

존재를 가리고 하얗게 만드는 힘

우리는 눈의 힘을 모른다

뜨거운 거울

내가 나를 강렬히 응시하는

빛나는 눈

눈빛 여기저기

불꽃이 튀고

눈동자의 흑백을 압도하는

빛남이 있다.

가슴에는

울퉁불퉁 심장박동의

커다란 흔적이 있고

핏줄 튀어나온 팔뚝에는

뜨거운 핏물이

강물같이 흐르고 있다

거울 속 당신은

꿈을 찾아 헤매던

많은 날의 흔적이며

내일을 향한

식을 줄 모르는 뜨거움이다

반달과 나

반원의 곡선은

맴돌기만 해야 하는 운명

수직의 직선은

영원히 함께하지 못하는 냉혹한 현실

수억년을 돌기만 하다가

깨우치는 시간이 오면

소멸은 새로운 시작이 되고

완전함은 소멸 끝에 겨우 오는

찰나의 희열

어리석은 나는

밤하늘에 기대어

일상의 반복을 준비하고

불완전한 반달은

초승달로

보름달로

돌아가야 한다

나무 등대

기차가 닿는 곳에는 등대가 없다

별처럼 많은 눈물이 모여야

등대에게 손을 내밀 수 있고

파도처럼 흩어졌던 세월이 모이고

세월의 기운과 역겨움까지도 이겨내야

등대에 닿을 수 있다

물러설 수 없는 등대의 운명과

다가갈 수 없는 나의 운명은

소멸로서 하나 될 수 있다

새벽

말이 없어지다는 것은

새벽이 오고 있다는 신호이다

어둠이 어둠을 낳고

밝음이 어둠을 물리치며

별의 시대가 짧은 생을 마감할 때

새벽이 온다

서늘한 바람이 나의 목을 감싸듯이 스치며

반짝이던 눈빛이 희미해지고

두려움을 피하기 위한 헛된 잠에서 깨어나지 못할 때

돌이킬 수 없는 삶의 끝자락과 같은

새벽이 온다

비

누구를 기다리기에는 서러워도

비가 내리면 누군가를 기다려야 한다

간데없는 것이 옛사람만은 아니며

내가 애타게 기다리는 사람이 그녀만은 아니다

나보다 더 슬픈 비가 내린다

비는 그쳐야 하고

나는 그녀를 계속 기다려야 한다

익숙한 대중가요를 흥얼거려도

비는 그치지 않는다

나무늘보의 초능력

빨리 시작하고 빨리빨리 끝내야 했다

뒤처지는 것은 죄악이었고

느림과 빠름의 시간적 공간적 느낌을 알기도 전에

서둘러 처리해야 했으며

누구보다 느리다는 것은 도태되어야 했다

나무늘보의 여유로움은 이상형이다

명석한 두뇌의 인간이라 할지라도

원숭이의 가공할 점프력이라도

나무늘보의 속도를 극복할 수 없다

빠르디빠른 치타보다 많은 잔상을 남기며

인간의 눈 구조가 잘못되었다는 것을 증명하는

움직임이 없는 움직임이다

뜬구름 잡기

파란 하늘로 폴짝 뛰어올라

뜬구름 하나 잡아볼까!

시인을 꿈꾸는 나를 위해

바지 주머니에 한 움큼 욱여넣고

한 움큼은

엄마 소녀적 꿈이라고 드리고

또 한 움큼은

구름 너머 하늘에 계신

아버지의 깨진 야망이라고 드리고

뜬구름 너머 파란 하늘은

날 기다리다 지쳐 잠든

딸아이의 머리맡에

자장가와 춤

말도 많던 불면증이 시작되면 울어도 소용이 없다

깊은 밤이 되면

자장가를 들려주오!

리듬도 없고

박자도 없는

죽음의 자장가를

탈도 많던 인생이 시작되면 울어도 소용없다

뜨거운 정오가 다가오면

나에게 알려주오

태양만큼 강렬한 춤을

마지막까지 출 것이오!

여름

시력을 잃을 만큼

들판을 빛나게 하였고

뜨거움에 뜨거움을 더하여

천만번이나 사랑한다고 외쳤지만

무시당했다

뜨거운 하늘과

강렬한 공기의 수명이

얼마남지 않았다고

뜨거운 사랑의 시간이

얼마남지 않았다고 외쳤지만

무시당했다

빛나는

뜨거움으로

나를

알려야 했다

봄바람

차가운 겨울의 두께를 이겨낸

봄이 완성되면

봄바람 향기

온몸에 가득 차고

피 끓는 젊음으로

기운이 넘치는

그날

살갗으로 느끼는

봄바람의 혼미함과

살랑거리는 여자친구의

원피스 자락에

영혼을 빼앗겼다

낙엽 2

낙엽은

바람의 힘으로

아름답다.

한 번뿐인 생명을

누군가의 영원한 추억과 교환하며

생의 처음이자 마지막인 가을을 보내고

평생을 기다렸던 하얀 겨울이 오기 전에

후회 없이 사라진다

낙엽의 희생으로

겨울은

바람 없이 온다

기우제 또는

한여름

장마를 기다리는

어리석음이

한바탕 굿판을 벌이면

하얀 면사포를 두른 무당과

투명 우산을 쓴

소녀의 교감으로

수만 가지 인연으로도

막을 수 없는

비가 내린다

눈물이 흐른다

한여름

장마가 그치기를 기다리는

우울의 심장이

한바탕 술판을 벌이면

술꾼의 거친 욕설과

주모의 악다구니로

홀연 비가 그친다

눈물이 멎는다

4부

홍성역

저 멀리 점 하나

기차 되어 다가오더니

사랑이 되었고,

사랑 실은 기차

점이 되어 멀어지더니

이별이 되었다

보통리 저수지

오랜 시간 물은 호수에 고여왔다

고이고 또 흘러 바다에 다가가야 하지만

고여 맴돌기만 한다

약속 없이 내리는 소나기에도

내게 흐르라 조건 없이 받아 준다

하얀 철새 바람을 못 이기는 척 공중에 맴돌 때

안락한 보금자리 먹이와 함께 내어 준다

호수는 바다에 이르지 못하였다

그리움에 취한 나그네에게 물그림자 만들어주고

다정한 연인들에게 하나 되게 한다

서풍이 불면 진달래로 변하고

찬 바람이 불면 그리움이 된다

호수에 빠져버린 모든 진실

호수에 떠다니는 모든 사랑

바다에 이르길 두 손 모은다

호수는 바다에 이르지 못하였다

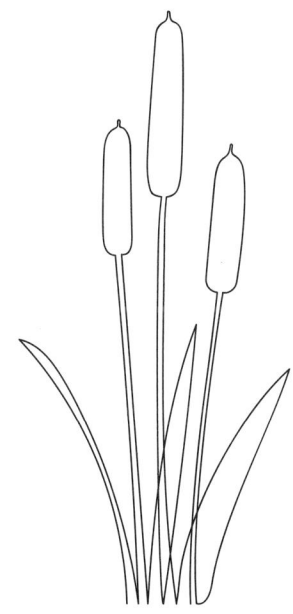

신디 소린다

고기 없는 피자를 먹으며

이름과 전화번호를 적어주던

인도계 영국사람이며

채식주의자

"신디 소린다"

큰 키에 어울리는 긴 머리를 하나로 묶고

진한 피부색에 어울리는

큰 눈을 느리게 깜빡이며

낯선 코리아에서

사랑을 찾던 시크교도

"신디"

서해가 한눈에 보이는 작은 사찰

오월의 푸르름과

느리게 가는 봄의 고요함을 좋아했고

풍경소리의 청량함이 신기하여

눈을 감고 감상하던

나와 다르지 않았던

"신디 소린다"

결성읍성 그날의 기억

성은 성이었고

많은 돌은 남았다.

어린 아이들도

죽어가는 늙은이도

자부심을 느끼며

돌을 날랐던 성

초라한 성벽은

풀도 이기지 못하여

잡초에게 함락되었다

저 멀리 서해로 흐르는 바닷길은

성벽의 상처를 아는 듯

머뭇머뭇 흘러가지 못하고

성벽 아래

나룻배 띄어 고기 잡는 어부는

바다가 열리길 합장하며 기다린다

노을이 성을 감싸며 서해로 기울고

바람은 산허리에 멈춰서 제자리에서 맴돌면

요란한 태양도 딸깍딸깍 움츠러든다

충청 수영성

날렵한 서해를 다스리는 충청 수영성

바람이 쉬지 않고 지나가니

시원함은 더할 나위 없다

옛 장수의 칼솜씨로도

멈추게 할 수 없는 바람

수영성은 바람의 길

스스럼없는 바람의 들락임으로

장수의 체면은 말이 아니었지만

옛 장수의 너그러움은

온몸을 나른하게 한다

서해를 믿고 밀려오는 바람은

장수의 고함

고함은 몽롱함을 깨우고

꽁꽁 묶여 갈길 모르고 허둥대는

낚싯배를 희롱한다

진정한 노동자

기대고 싶은 것은 돈이지

철학이 아니었다.

이산가족

짧은 세월

긴 기다림

눈물은 마르고

한숨은 길다

막막한 살아있음

애달픈 죽음의 길

죽은 자의 희망을

산자는 기다린다

아름다운 조국이 아니면

어디서 만나야 하느냐!

돼지의 꿈

나는 백 마리 돼지입니다

천 마리 돼지라고 해도 됩니다

나는 너무 좋습니다

하루도 빠짐없이 사료를 정확한 시간에 배불리 먹을 수 있어요

내가 있는 곳은 또 어떻고요

직사각형 돼지집을 튼튼한 쇠막대로 만들었지요

움직이기 귀찮은 줄 알고

한 발자국도 움직일 수 없이

사료만 먹을 수 있게 지어주었지요

고마운 인간입니다

사료도 많이 먹고 살이 쪄서 집이 작아요

아주 건강한 돼지가 되었지요

인간들이 저를 보고 미소를 지어요

이제 다른 곳으로 옮겨 주려나 봐요

고마운 인간입니다

그날

- 화면 1 -

흑백 TV였어요!

얼룩무늬 군복을 입고 총을 든

군인의 얼굴에서 피가 흐르고 있었어요

군인과 나란히 서 있는 남자 머리에서도

피가 흐르고 있었지요

붉은 피였어요

- 화면 2 -

흑백 TV였어요!

죽었는지, 살았는지

누워있는지, 엎드려 있는지 모를

여럿의 사람들 몸에서 피가 흐르고 있었지요

선명하게 붉은 피였어요

흑백 TV도 피는 붉은색

팽목항에서

가라앉은 배 위에서

바람과 통곡이

파도 되어 다가왔다

높은자들의 지혜는

바람 따라 흩어지고

한숨의 힘, 눈물의 노력으로

배는 떠올랐지만

바람의 흔적과 통곡만이 남아있다

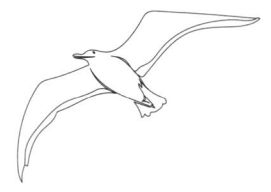

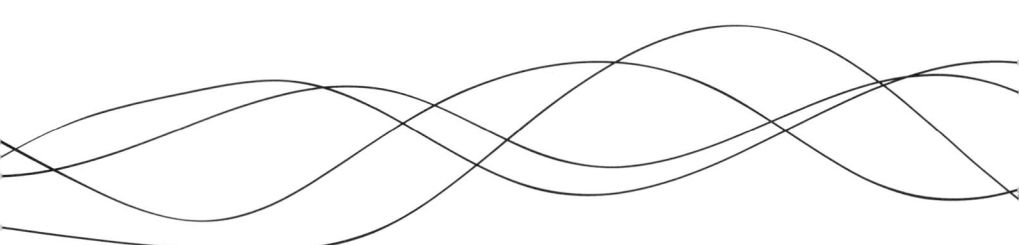

반지하

반은 빛이고

반은 어둠이며

반은 살아있고

반은 죽어있다

살아있음이

반은 기쁨이어야 하는데

그런 인생은 없다

5부

그림자 나이

살아온 세월의 길이만큼

그림자는 길어진다

경험의 오만은 밋밋 또는 흐지부지

정도껏에 취해 멈춤만을 꿈꾸고

세상을 다 안다고,

그저 그럴 것이라는 무기력한 결론

억지는 새로움을 내치고

어제의 것이 새로움을 채우는 고집

살아온 만큼 살아갈 날을 볼 수 있어야 하지만

돌아볼 줄만 안다

게으른 깨달음

- 믿음 -

콩 심은 데 콩 나고

팥 심은 데 팥 난다

- 경험 -

콩 심은 데 풀 나고

팥 심은 데 풀 난다

- 깨달음 -

콩은 콩이고

팥은 팥이고

풀은 풀이다

예초기의 변명

미안하다

나에게는

꽃도 풀이다

미안하다

파김치

겨울을 그 차가운 흙 속에서 죽은 듯이 쪼그리고 있다가

봄의 따뜻함을 느끼면 불쑥불쑥 터져 나오는 쪽파

실낱같은 봄기운에 큰 용기를 낸 쪽파의 당당함은

그 맛으로도 알 수 있다.

파김치가 아니면 단식을 하겠다고 하니 파김치가 나왔다.

내게는 파김치를 맛있게 만들어주는 사람이 있다.

계절에 관계없이 파김치를 먹었다.

파김치를 위해 회유와 압력을 행사했다.

이런 당당함은 쪽파에게서 나왔다.

사각지대

아내는 큰아이와 공생관계

작은 아이는 큰아이의 심부름꾼

나는 작은아이 비서

강아지 뽀미는 작은 아이의 친구

의기양양 짖어대는 아내 품의 뽀미.

그럼 나는?

장어의 꿈

일탈의 로망

속으로만 속으로만 파고드는

거절할 수 없는 욕구

장어의 유혹에

주체할 수 없는 돈이 들어오면

기운 센 장어는 어찌할 줄 모르고 죽어갔다

카톡하기 좋은 날

당신과

카톡을 주고받은 오늘

기분 좋은 날

살면서

사소한 나의 삶과

멈출 수 없는 당신의 삶을

서로 물을 수 있어서

웃음 가득한 날

인생에

당신과 연이 되었다는 것

나의 행복

달나라에 가는 가장 쉬운 방법

* 안내문 : 꼭 아래 순서대로 해야 가장 쉽게 달에 갈 수 있습니다

먼지가 일어나지 않게 달 표면에 살짝 뛰어내린다

우주선의 문을 열고

착륙을 한다

사유지가 없으니 환한 달 표면에 접근한다

달이 이끄는 힘에 의지해 달 쪽으로 접근한다

달이 보인다

지구가 작게 보인다

앗! 대기권이다

멀어지는 발사대

이륙이다

제로, 하나, 둘, 셋…

카운트 다운

우주선에 탑승한다

백 년 후로 간다

흔적

이십 대 후반

취업과 동시에 방황을 함께했던 동료들

지금은 흔적 없이 사라져 없어진 것 같은 세월 들

그때의 방황으로 각자의 길을 가고 있을 수많은 얼굴

만남의 소중함을, 인연의 소중함을 세월의 덕으로 알아가고

마주치는 눈빛에게 한 번 더 웃음을 주지 못한 미련만 남고

이제야 사라지는 것의 쓸쓸함과 애틋함을 알게 되는 어리석음

인연에 대한 예의 없이 가식으로 밥 한번 먹자 하며 둘러치고

그로 인해 누군가는 사라졌을 해방을 아쉬워한다.

기다리는 사람은 오지 않고 사라지는 것은 알지 못하는

회전문 같은 삶의 작은 울림을 이제야 알 것 같은 흔적의 힘

전화 통화 후 수년이 지나면 다시 전화 한 통화로 그 시간을 메꾸고

또 시간이 지나면 그러함의 반복으로 시간을 채운다.

수많은 실망과 관계의 부침은 어느새 흔적도 남아있지 않고

무심한 이별과 기억 없는 즐거움을 회상할 뿐

나는 여기서 행복하고 당신은 그곳에서 행복하기를 소망하는

무심한 여유가 일상이 되어간다.

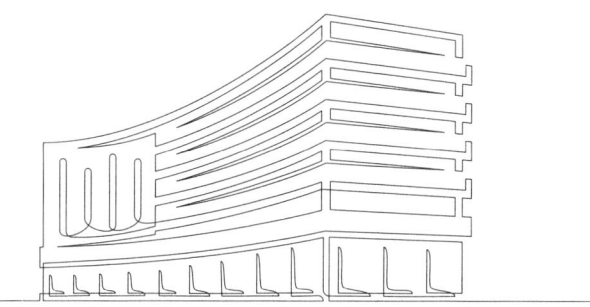

가을

짧은 대로 아름다운 계절이지만 계절의 맛을 느끼기에는

가을은 너무 빨리 사라진다

뜨거움에 지칠 대로 지친 몸을 다시 정상으로 돌려놓고

푸르름이 너무 익어 눈이 부실 지경일 때

가을은 아쉬움과 함께 사라진다

연인과 손을 잡고 푸른 잎과 쓸쓸한 낙엽을 접하다 보면

인연의 소중함을 새삼 느낄 수 있고

사람도 그와 같이 변해간다는

작은 깨우침을 서로가 느끼기에

사랑 또한 한 단계 더 승화시킬 수 있다

엄마의 무릎

가뿐하고 날렵했던 엄마의 소녀 적에는

산 넘어 꽃이 있는 곳을 향해 한달음에 달려가곤 하였다

바닷가 어부들이 잡다 버린 어린 물고기를 살려주기 위해

어린 물고기 두 손 모아 기나긴 갯벌을 달려

물가에 생명을 놓아주었고

어부들의 무정함을 눈 흘기며 바라보고

엄마는 다시 집으로 한걸음에 달려와

엄마의 엄마에게 어부들의 어린 생명에 대한

불찰을 이야기했다

바다에서 산에서 뛰어도 뛰어도 멀쩡하던 무릎이었다

이불 두 채를 이고 시집을 가고 아이를 낳고 늙어가고

살굿빛 볼은 여전하지만 주름이 한껏 자리를 잡았고

팔팔했던 무릎은 한 달에 한 번 뼈 주사를 맞아야 한다

항상 주변에서 떨어지지 않던 자식들은

가끔이랄 것도 없이 왔다가 서둘러 돌아가고

남편이라는 사람은 세월을 탓하고, 세상을 탓하며

가끔은 술과 함께 엄마를 탓하며

힘겹거나 불쌍하게 세월을 보내면서

허약함을 이기지 못하고 사라져 버렸다

곁에 없는 자식과 사라진 남편의 홀가분함에도

엄마의 무릎은

점점 굳어져 가고, 얇아져 가고

일어서는 것이, 걷는 것이 힘겨울 때마다

당신의 죄라 여기며 아픔과 눈물을 숨긴다

고추재배와 포르쉐

뿌아앙 하고 큰 엔진 소리를 내며 달리는 빨간색 포르쉐

부러움의 마음과 시기의 눈빛으로 빠르게 사라지는 포르쉐

수십 년을 직장 다니며 돈을 모아 왔지만

포르쉐는 커녕 변변한 새 차 한번 사기도 벅차다

일확천금을 노리는 사악한 마음에 로또는 하늘이 허락하지 않고

부모님의 재산은 내 차례가 오면 빚으로 변할 것이다

시간이 갈수록 자주 포르쉐는 눈에 띄게 늘어나고

시끄럽지만 굵직한 엔진음을 내 귀는 오래도록 기억한다

이웃집 아저씨가 말하길 고추 농사가 그나마 돈이 된다고 한다

육체의 고통이 가장 극에 달하는 농사는 죽어도 하기 싫기에

경작하지 않고 풀만 무성한 밭 한 뙈기

고추가 돈이 된다니 고추를 심자!

그 돈으로 포르쉐를 사자!

밭을 갈고 퇴비를 뿌리고 비닐 멀칭도 하였다

괜히 시작하였다는 후회가 밀려온다

시작하였으니 고추를 심었다

고추는 병에 취약해 농약 치는 시기와 방법이 중요하다고 한다

일주일에 한 번 비가 오면 한 번 더 농약을 친다

괜히 시작하였다는 후회가 더욱 거세게 밀려온다

고추가 열리고, 태양은 점점 뜨거워지고

몸은 지쳐서 쓰러질 듯하고…

주저앉아 고추나무를 전부 불태워 버리고 싶다

붉게 변해가는 고추를 보는 것이 마냥 즐겁지만 않다

뙤약볕에 고추를 따야 한다

그리고 세척하고 말리고 빻아서 돈을 만들면 된다

고추재배로 포르쉐를 살려면

백 년은 고추 농사를 지어야 한다고 한다

백 년 동안의 고추재배

그리 멀지 않은 포르쉐의 꿈

선녀와 나무꾼

나무꾼은 선녀가 없다는 것을 진즉 알았다

나무가 필요해서 점점 더 깊은 산 속으로 들어갔다

도끼로 나무를 베려니 힘이 장사인 나무꾼도 벅차다

깊은 산속 작은 못이 있다

물을 마시고 더위를 식히고자 목욕을 하려 했을 뿐이다

못에서 맑고 경쾌한 소리가 들리고

놀란 나무꾼은 살며시 살펴본다

선녀라면 옷을 숨기는 계획이 스치듯 떠오른다

장가를 갈 수 있겠다는 소망도 스쳐간다

선녀가 벗어 놓아둔 옷을 찾을 길이 없다

깊은 산중에 누가 먼저 채어 갈리 만무한데 어찌된 일인가?

나무꾼의 당황하는 눈빛과 의연한 선녀의 눈이 마주쳤다

의연한 선녀, 결혼하자고 한다

선녀의 옷도 숨기지 못하고 선녀와 결혼하였다

아이도 두 명 생겼다

나무꾼은 다시 산으로, 깊은 산으로 가서 선녀의 옷을 찾는다

선녀가 숨긴 옷을 빨리 찾아서 선녀에게 돌려주어야 한다

선녀가 다시 하늘의 고향으로 돌아갈 수 있도록

선녀 옷을 찾아야 한다

찾을 수 없다

그럼, 출근해야 한다

별사탕

새끼손가락의 손톱 반만 하지만

별 모양을 하고 있어 별사탕

팍팍한 건빵을 먹을 때 그 팍팍함을 없애기 위해

별사탕이 건빵 안에 들어있는 것 같다

별이란 밤하늘에 반짝이지만 도시에서는 보기 어렵고

어두운 밤하늘을 유지하고 있는 도시 외곽으로 가야 볼 수 있지만

별빛이란 평면적인 빛만을 볼뿐 별 주변을 볼 수는 없다

별을 사방에서 본 적이 없지만

별사탕은 위아래 좌우 사방에서 볼 수 있다

별사탕을 보고 별의 모양을 짐작할 수 있다

그 작은 것이

달콤함에 우주의 신비까지 알려주니

참 위대하다고 해야 하나

책상 위에 별사탕이 들어있는 작은 비닐봉지가

한 달째 방치되고 있다

먹어볼까 생각하다가도

설탕으로만 되어있어 이빨에 좋지 않을까 먹지 않고 있지만

그 작은 별사탕이 셀 수 없는 끝없는 우주의 별을 상상하게 하니

별사탕의 존재가 나의 존재를 뛰어넘는 그 무엇이며

그 누군가가 나로 인해 사랑을 일깨우고

우주를 상상할 수 있을까 하는 호기심이

내 존재의 초라함으로 이르게 한다.

별사탕보다 못한 존재라니!

참 과한 개똥 같은 깨달음이지만

별사탕이 주는 젊은 날의 추억과

지금은 사라진 도심 속의 별을 생각나게 하니

버리지 못하고 한 달째 방치하고 있는

작은 별사탕이 입속에 들어가면 녹아 없어지는

그냥 별사탕이 아닌 것 같다

마치며

인간의 본성이 웃음이라고 믿고 싶었지만

내 삶의 어둠이 너무 깊어

모조리 슬프게 끝나버렸다

하지만 어찌하랴

웃음을 위해 최선을 다할 수밖에

투명 나비

초판 1쇄	인쇄 2023년 09월 14일
초판 1쇄	발행 2023년 09월 25일
지은이	이재곤
펴낸이	김지홍
편집	김지홍
디자인	채하림
펴낸곳	도서출판 북트리
주소	서울시 금천구 서부샛길 606 30층
등록	2016년 10월 24일 제2016-000071호
전화	0505-300-3158	팩스 0303-3445-3158
이메일	booktree11@naver.com
홈페이지	http://blog.naver.com/booktree77
값	12,000원
ISBN	979-11-6467-142-7 (13810)

- 이 책은 저자권에 등록된 도서로 저작권법에 따라 무단전재 및 복제와 인용을 금지합니다.
- 이 책 내용의 전부 및 일부를 이용하려면 저작권자와 도서출판 북트리의 서면동의를 받아야 합니다.
- 잘못된 책은 구입하신 서점에서 바꾸어 드립니다.